Dein Weg.

Dein ... ngen.

Deine ...

So v...

Vorwort

Hiermit lade ich dich ein.
Sei du selbst.
Sei mutig.
Sei anders.

Fühle, was es zu fühlen gibt.
Schließe Frieden mit dem, was war.
Vergib den Menschen, die es nicht besser wussten.
Umarme dich selbst mit allem, was jetzt ist.

Und dann feiere dich.
Stoße auf dein Leben an.
Und auf die Heldin in dir.

Setz dir selbst deine Krone wieder auf.
Denn da gehört sie hin.

Du bist wichtig.

Deine

Ja, wir sind alle Weltmeister darin, uns anzupassen. Wir sagen JA, obwohl wir NEIN meinen. Wir tun dies und jenes, obwohl wir es eigentlich gar nicht mögen. Wir verstellen uns, um geliebt zu werden. Wir geben nach, damit Frieden einkehrt. Wie oft haben wir nicht den Mut, zu uns zu stehen? Damit ist nun Schluss. Du bist dir selbst der beste Freund. Denn du bist der einzige Mensch, mit dem du dein Leben lang auskommen musst. Du selbst bist immer an deiner Seite. Du darfst dich lieben. Mit allen Ecken und Kanten. Und dann steh dazu. Egal, was andere an dir kritisieren – so, wie du bist, bist du auch gewollt. So, wie du bist, bist du richtig. Lass dir bitte niemals von irgendjemandem irgendetwas anderes einreden.

„Anpassen ist out.

Wenn du dem Ruf deines Herzens folgst, ist es egal, WIE das geschieht. Wichtig ist nur, DASS du die Stimme in dir wahrnimmst und gehst. Schlottrige Knie sind erlaubt. Es ist auch nicht wichtig, dass du Riesenschritte machst. Geh los und die Schritte ergeben sich auf deinem Weg. Du wirst mit jedem Schritt sicherer.

Viele Menschen wollen gerne auf die Sonnenseite des Lebens wechseln, haben aber Angst davor, loszugehen. Und die Angst ist paradoxerweise nicht die Angst vorm Scheitern, sondern die Angst vorm Strahlen. Weil die meisten sich im Leid besser auskennen als in der Freude. Und das ist der Grund, warum viele, natürlich unbewusst, den Willen gegen statt für sich einsetzen. Sie sagen zwar, sie wollen, aber sie wollen nicht wirklich. Oft sind es Stimmen im inneren, die gegen den Ruf des eigenen Herzens gerichtet sind. Innere Stimmen, die einst von außen übernommen wurden. Diese sind stärker, weil sie nicht gelernt haben, auf sich selbst zu hören und sich zu vertrauen.

Aber es ist jetzt an der Zeit, der Stimme des Herzens zu folgen. Du darfst dich neu entscheiden. Die Vergangenheit ist vorbei. Übernimm Verantwortung. Für dich und dein Tun. Was willst du in deinem Leben wirklich? Bist du bereit, den Weg zu gehen? Bist du bereit, auch den Stürmen des Lebens zu begegnen? Oder ist das, was du gerade hast, doch noch gut genug? Es geht ja immer „irgendwie". Nur ich persönlich hatte auf dieses „irgendwie" keine Lust mehr. Denn es diente nur der Bequemlichkeit, die zu nichts führte außer: Das Leid zu erhalten. Und das willst du doch nicht, oder?

„Folge deinem inneren Ruf, triff Entscheidungen und trag die Konsequenzen.

Was wäre, wenn du jetzt auf der Stelle eine Entscheidung triffst? Und zwar die, nicht mehr Opfer deines Lebens zu sein. Du entscheidest jetzt, dass du auf die Sonnenseite des Lebens wechselst. Auch wenn du den Weg noch nicht kennst.

Du suchst keine Schuldigen mehr im Außen, sondern schaust, was du selbst mit deinem Ärger und Groll zu tun hast. Du hörst auf zu jammern und fokussierst dich auf das Schöne im Leben. Du gehst keine faulen Kompromisse mehr ein und setzt dich in Bewegung. Du fängst an zu handeln, wo du vorher geredet hast. Du ahnst nicht, welche Schöpferkraft in dir steckt. Du bist zu so viel mehr fähig als du glaubst. Übernimm Verantwortung für dich. Du bist der einzige Mensch im Leben, den du täglich im Spiegel siehst. Glaube an dich. Nur du kannst dir dein Leben so kreieren, dass es dir gefällt.

„Du bist die Schöpferin deines Lebens.

Das war tatsächlich für mich eine wichtige Erkenntnis, wenn es darum ging, Menschen zu verzeihen. Dass ich das nicht für die anderen tue, sondern für mich. Für meinen inneren Frieden. Wer nicht verzeihen kann, trägt Hass oder auch Wut und Ärger mit sich herum, weil man meint, man tut dem anderen damit weh. Dabei schadet man am allermeisten sich selbst. Denn es sind unsere Gefühle. Es belastet uns, nicht den anderen. Und es gibt eine einzige Person, die dafür die Verantwortung trägt: Wir selbst! Wie sagt Robert Betz so schön: Für Krieg braucht es zwei, für Frieden nur einen. Verzeihen können wir jemandem auch, ohne dass er präsent ist. Indem wir uns nach innen wenden. Unser Kopf muss lediglich verstehen, was unser Herz lange entschieden hat.

„Vergebung bedeutet, dass wir entscheiden, den Hass, den wir auf andere projizieren, nicht länger mit uns herumzutragen.

Manchmal gibt es etwas, an dem halten wir verkrampft fest, obwohl es uns nicht gut tut. Und wenn es sich anfängt zu lösen und Heilung geschieht, dann tut es weh. Wenn etwas geht, verursacht das erstmal Schmerzen. Denn es war lange Zeit bei uns. Es ist ungewohnt. Es kommt Neues, womit wir uns nicht auskennen. Und das macht Angst. Aber genau da ist der Weg. Dort, wo die Angst ist. Wenn du an diesem Punkt bist, geh durch. Weine, wenn dir nach Weinen ist, aber gehe weiter. Du schaffst das! Wie heißt es so schön: Das Neue ist schon auf dem Weg, das Alte macht nur noch etwas Lärm beim Gehen. Denn wenn du durch diese Angst gegangen bist, wirst du spüren, wie dein Herz wieder schlägt. Wie das Leben dich wiederhat. Anders als vorher. Lebendiger. Wacher. Hab Mut und gehe, auch wenn es weh tut. Lass das, was in dir sterben will, sterben. Pack die Angst unter den Arm und gehe trotzdem. Es ist okay, wenn es schmerzt. Das Leben fängt dich am Ende wieder auf.

„Der Weg durch den Schmerz der Angst führt in die Freiheit.

Gerade wenn es um Geld geht, ist Achtsamkeit erforderlich. Wir glauben, wir tun dem anderen einen Gefallen, wenn wir ihm welches leihen oder schenken. In Wirklichkeit passiert aber oft etwas ganz anderes: Wir untergraben die Würde des anderen. Wir glauben nicht, dass er selbst in der Lage ist, etwas zu schaffen. Wir nähren den Mangel.

Nur weil jemand sagt, dass er kein Geld hat, heißt das nicht, dass er nicht fähig ist, etwas zu bezahlen. „Ich habe kein Geld" ist auch ein beliebter Glaubenssatz, um Abhängigkeiten aufrecht zu erhalten oder sich als Opfer darzustellen. Gerade in Eltern-Kind-Beziehungen kann es herausfordernd sein, dies zu erkennen und nach der Wahrheit zu handeln. Es erfordert Mut, Muster zu unterbrechen. Von beiden Seiten. Wenn du selbst in einer solchen Situation steckst, in der du eigentlich genau weißt, dass es nicht richtig ist, was du tust, kann ich dich nur ermuntern: Gib deiner Intuition Raum und folge ihr, auch wenn es nicht verstanden wird. Denn eins weiß ich heute: Egal, welche Entscheidung du triffst und wie beschissen es für den anderen ist – der Weg durch den Schmerz ist oft der Weg zu den inneren Schätzen. Vertraue!

„Manchmal untergräbst du die Würde des anderen, wenn du ihm „hilfst“.

„Wenn noch Tränen kommen, hast du noch nicht alles aufgearbeitet!“, sagte mal jemand zu mir. Und dann gab es eine Zeit in meinem Leben, in der ich versuchte, alles zu lösen, was es zu lösen gab. Und ständig unzufrieden war, weil ich mir selbst nicht genügte. Aber weißt du was? Ich merkte irgendwann, dass es einfach nicht geht. Ja, meine Güte, dann hab ich halt noch nicht alles aufgearbeitet. Ist dann halt so! Na und?

Ich habe einfach aufgehört, fertig sein zu wollen. Denn erstens weiß ich nicht, ob ich das je werde und zweitens verpasse ich dann vieles, was mir das Leben lebenswert macht. Und so lebe ich unfertig. Jeden Tag. Weil ich glaube, dass der Sinn des Lebens LEBEN ist. Lieber lebe ich mit Freude unfertig, weine zwischendurch und lasse meine Gefühle raus, als dass ich dem Ziel, perfekt oder eben „fertig“ zu sein, hinterhereifere und dabei unglücklich bin, weil es ja noch soooooo viel zu tun gibt. Und du?

„Der Sinn des Lebens?
Leben!“

Du kennst deinen Weg gerade nicht? Das ist okay. Du weißt nicht, welche Abzweigung du nehmen sollst? Das ist okay. Du grübelst gerade, wie es weitergehen soll? Das ist okay. Du würdest am liebsten wegrennen? Das ist okay. Die Verurteilung deiner Situation ist viel schlimmer als die Situation selbst. Deshalb umarme dich. Mit deinem Nichtwissen. Mit deiner Hilflosigkeit. Mit der Zerrissenheit in dir. Du bist auch damit richtig. Bleibe einfach mal stehen. Erlaube dir, dass alles sein darf. Lebe deine Fragen, statt die Antworten wissen zu wollen. Und vertraue. Du bist richtig. Genau so, wie du jetzt gerade bist. Gib den Widerstand auf. Kämpfe nicht gegen das, was ist, sondern lass dich ein. Dann wird es leichter. Du bist vollkommen okay, auch ohne den Durchblick zu haben.

„Du bist vollkommen okay, auch wenn du deinen Weg nicht kennst.

Du bist kraftvoll. Du triffst gerne Entscheidungen. Du hast ein Ziel. Du bist handlungsfähig. Du bist mächtig. Du bist diszipliniert. Du hast einen starken Willen. Du setzt Grenzen. Du bist voller Klarheit. Du setzt dich durch. Du stehst für dich ein. Du gehst mutig deinen Weg. Du übernimmst Eigenverantwortung. Du kennst deine Stärken. Ja, all diese vermeintlich männlichen Eigenschaften trägst auch du in dir. Heute erinnere ich dich daran. Wenn du derzeit jammerst, leidest oder dich als Opfer des Lebens siehst, entscheide dich um. Heute. Jetzt. Du kannst das. Du hast alles, was du dazu brauchst. Du brauchst dich nicht vergleichen. Alles steckt in dir. Glaub an dich. Setze dich in Bewegung. Werde aktiv.

„Wer andere klein macht, hat nur sein eigenes Potenzial noch nicht erkannt.

Was nicht passt, musst du auch nicht passend machen. Nicht mehr. Manchmal geht man ein Stück gemeinsam und dann trennen sich die Wege wieder. Vielleicht hat der andere seine Aufgabe erfüllt? Vielleicht wurde sich ausreichend aneinander gerieben und es braucht keinen gemeinsamen Weg mehr? Vielleicht ist die Zeit nun da, dies zu erkennen. Einfach annehmen, was ist. Vielleicht ist es Zeit, den anderen gehen lassen. Oder auch selbst zu gehen. Vielleicht geht es bloß um die Bereitschaft, an nichts festhalten zu wollen, egal wie schön es einmal war. Du kannst nichts erzwingen. Du kannst nur nach deinem Weg schauen. Dass es dir gut geht. Dass du dein Leben lebst. Dass du deinen Weg gehst, auch wenn er im Moment nicht zu dem des anderen passt. Fühl dich frei. Achte dich. Du bist richtig so, wie du bist, auch wenn der andere es als falsch empfindet. Bleib bei dir.

„Jeder hat seine Wahrheit. Leb du deine und lass den anderen die ihre.

Wenn du traurig bist, sag es. Wenn du zweifelst, sprich es aus. Wenn du dich gerade nicht lieben kannst, dann steh dazu. Wenn gerade die Hütte brennt, dann brennt eben die Hütte. Es geht darum, gerade dann, wenn einem das Leben schwer erscheint, auch DAS zu leben. Es geht im Leben darum, das zu leben, was ist und nicht das Leben weghaben zu wollen. Solange die unschönen Gefühle dazugehören, ist es eben so. Du wirst genauso wie ich feststellen: Es ist befreiend, das zu leben, was da ist.

Gefühle kommen und sie gehen auch wieder. Wenn du mit Haut und Haaren zu dir stehst, bist du selbst dein bester Freund. Und genau mit dieser Authentizität bist du ein großes Geschenk. Nicht nur für dich, sondern auch für dein Umfeld. Wer echt ist, hat Charisma.

„Sei die, die du bist und nicht die, die du sein willst.

Es gibt Momente, da wollen wir etwas weghaben oder können nicht aufhören, es zu analysieren, dabei könnten wir uns genauso auf den Moment einlassen. Was, wenn du aufhörst zu kämpfen? Was, wenn du den Widerstand aufgibst? Ja, was, wenn du dich einfach hingibst? Dem Leben selbst, deinen Gefühlen und all dem, was du gerade vorfindest? Das Leben meint es gut mit dir. Manchmal führt es dich bloß über den Schmerz zu deinen inneren Schätzen. Also sei bereit. Öffne deine Arme und sage JA. Häng die Kontrolle an den Nagel. Dein JA zum Leben bringt ungeahnte Kräfte mit sich. Vertraue darauf, dass du nie mehr bekommst, als du auch verkraften kannst. Und vertraue darauf, dass alles im Leben seinen Sinn hat. Du bist nie allein. Du hast immer dich ... und dein Leben.

„Wenn der Widerstand geht, kehrt Frieden ein.

Wenn du merkst, dass dir etwas nicht gut tut, dann sag es. Wenn du glaubst, Menschen mit deiner Entscheidung zu enttäuschen, nimm es in Kauf. Du musst nichts aushalten und nichts ertragen. Wenn andere Scherze darüber machen und deine Gedanken nicht nachvollziehen können, zeig dich trotzdem. Manchmal ist es die größere Herausforderung, zu sich zu stehen, statt der Herde zu folgen und sich anzupassen. Aber es ist dein Leben. Niemand geht in deinen Schuhen. Du alleine weißt, was dir gut tut. Und auch, was nicht. Und ja, ich weiß – manchmal wärst du gerne stärker. Manchmal wärst du gerne weiter. Aber du bist jetzt so, wie du bist. Du stehst da, wo du stehst. Sei dir selbst dein bester Freund. Setze da Grenzen, wo es wichtig ist. Für dich wichtig. Achte und liebe dich.

„Wenn du bereit bist, andere zu enttäuschen, gewinnst du einen guten Freund dazu: dich selbst.

Ruhe ist wichtig, damit du deiner inneren Einkehr Raum geben kannst. Manchmal – und ich behaupte, du weißt ganz genau, wann – ist aber auch Disziplin, ein starker Wille und Bewegung wichtig. Sowohl psychisch als auch physisch. Es ist die Balance, die zählt. Deine weiblichen und männlichen Anteile dürfen gleichermaßen walten. Manchmal reicht es eben nicht, sich einzulassen und hinzugeben. Dann geht es darum, in Handlung zu gehen. Etwas zu bewegen. Deshalb prüfe immer wieder aufs Neue für dich: Was ist jetzt gerade wichtig für dich? Zu oft verharren wir in Situationen, weil wir die Eigenverantwortung abgeben. Wir geben uns der Bequemlichkeit hin, weil es das Leichteste ist. Aber leicht ist halt nicht immer das Beste für uns. Sei einfach ehrlich zu dir. Und dann mach. Oder lass. Und zwar mit ganzem Herzen.

» Die Balance zwischen Tun und Lassen ist es, die glücklich macht.

Es gibt immer wieder Menschen, die gerne weglaufen. Weil sie glauben, dass dann ein Problem gelöst ist. Sie ziehen weit weg von ihrem Elternhaus, trennen sich von ihrem Partner – in der Hoffnung, dass sich dann alles verändert. Aber wer sich nicht seinen Schattenanteilen stellt, wird eins feststellen: Die Bühne bleibt. Es werden lediglich die Schauspieler ausgewechselt. Deshalb hab den Mut hinzuschauen. Wieso bist du dort, wo du bist? Was hat es mit dir zu tun? Wie kann wirklich Heilung geschehen? Meist findest du in deinem Gegenüber einen Spiegel deiner selbst. Oftmals zeigt derjenige dir deinen Thron, den du selbst wieder einnehmen darfst. Deshalb öffne dich für einen Perspektivwechsel. Es ist oft anders, als es scheint.

„Du kannst nicht vor dir selbst davonlaufen.

Viele Menschen streben nach Vollkommenheit, verwechseln sie aber mit Perfektionismus und eifern Dingen hinterher, mit denen sie sich immer weiter von dem entfernen, was ihr eigentliches Ziel ist. Wann sind wir denn vollkommen? In dem Moment, wenn wir uns mit allem angenommen haben, was da ist. Erst dann werden wir inneren Frieden spüren. Das heißt, egal wonach du strebst, es ist alles da. Wenn du dir erlaubst, deine Schwächen und Macken in Liebe anzunehmen, wirst du dich vollkommen fühlen. Versuche also erst gar nicht, die Dinge, die zu dir gehören, weghaben zu wollen. Damit gehst du in Ablehnung dir selbst gegenüber. Was wäre denn, wenn diese Dinge dich bis zu deinem Lebensende begleiten? Öffne dein Herz, vor allem für dich selbst. So paradox es auch klingen mag: Wirkliche Selbstliebe beginnt da, wo wir das annehmen, was wir eigentlich weghaben wollen.

„Glücklich zu sein
bedeutet nicht,
dass alles perfekt ist.
Es bedeutet, dass du
dich dafür entscheidest,
das Unvollkommene
für den Augenblick zu
akzeptieren.

Mein Leben auf dieser Erde wird irgendwann vorbei sein. Meine Seele streift ihre Hülle ab und ich werde weiterziehen. Wann das sein wird, weiß ich nicht. Und wie das geschieht, auch nicht. Genau das habe ich für mich so akzeptiert. Ich fühle keine Hilflosigkeit, wenn ich an den Tod denke, sondern habe den Gedanken in mein Leben integriert. Und wenn ich schon nicht beim Tod mitbestimmen kann, dann nehme ich wenigstens mein Leben in die eigenen Hände. Das Leben macht manchmal eigene Pläne, aber ich entscheide, wie ich damit umgehe. Ich bin handlungsfähig und kann etwas bewegen. Ich versuche, achtsam durchs Leben zu gehen und nichts zu verdrängen. Ich folge meinen Träumen, auch wenn es manchmal Stimmen gibt, die glauben, mir etwas anderes vorgaukeln zu müssen. Der Tod ist allgegenwärtig. Das Leben auch.

„Der Tod ist allgegenwärtig – das Leben auch.

Die Lösung siehst du aber nicht, wenn du mit zig Menschen über dein Problem sprichst. Denn je mehr Menschen du davon erzählst, desto größer wird das Problem, weil du es zum zentralen Thema deines Lebens machst. Sicherlich kannst du mit jemandem sprechen, nur die meisten Menschen verstricken sich dann so sehr in ihren Themen, dass sie irgendwann vor lauter Problemen nichts anderes mehr im Leben sehen und leiden. Sie leiden unter sich selbst. Weil Problemwälzerei zur Lebensaufgabe geworden ist. Damit verschleiern sie die Realität und leben in Illusionen, ohne dass es ihnen auffällt.

Du kannst die Lösung noch so lange bei anderen suchen. Letzten Endes liegt sie in dir. Wie wäre also statt ewig viel Problemerzählerei ein Spaziergang in der Natur? Oder (innere) Ruhe, um sich selbst wieder spüren zu können? Viele Menschen flüchten in den Alltagslärm, weil sie Angst haben, sich selbst zu begegnen. Sie suchen im Außen das, was in ihnen liegt. Manchmal brauchen wir natürlich Hilfestellungen, die uns an die Wahrheit erinnern. Letzten Endes kommst du auch so in deine Mitte. Mit der gleichen Erkenntnis: In uns selbst liegt das größte Potential. Die stärkste Kraft ist die, die mitten aus dem Herzen kommt. Mit der Liebe zu dir selbst ist alles möglich, was zuvor unmöglich erschien.

» Für jedes Problem gibt es eine Lösung.

Ich glaube, es geht im Leben gar nicht darum, keine Abhängigkeiten mehr zu leben. Sondern darum, sich bewusst darauf einzulassen. Ja, wenn du erkennst, dass du von jemandem abhängig bist, ist es nur noch halb so schlimm.

Ich habe beispielsweise drei Katzen. Eine davon ist meine absolute Schmusekatze. Und ich bin mir der Tatsache bewusst, dass ich sie am meisten für meine eigenen Zwecke brauche. Das mag sich hart anhören, für mich ist es aber befreiend, das so bewusst zu leben. Durch sie habe ich körperliche Nähe, die ich sonst nicht hätte. Wenn sie stirbt, mag es sein, dass ich traurig bin, aber nicht, weil ich sie besonders liebte, sondern weil ich nun nicht mehr das von ihr bekomme, was ich vorher bekam. Das wiederum macht es mir womöglich leichter, sie gehen zu lassen. Sich der Abhängigkeit bewusst zu sein, ist für mich auch eine Art Freiheit.

„Freiheit kann auch bedeuten, sich bewusst abhängig zu machen.

Wenn du auf andere zeigst, kannst du sehr sicher sein, dass immer vier Finger auf dich zeigen. Und manchmal ist es erschreckend, wie unbewusst das abläuft. Wenn du also anderen Menschen etwas vorwirfst, betrachte dein Gesagtes einmal ganz genau und sei dabei dir selbst gegenüber ganz ehrlich und aufrichtig. Was haben die Vorwürfe an den anderen mit dir selbst zu tun? Oft ist es nämlich so, dass wir das, was wir am anderen kritisieren, selbst auch noch in uns verurteilen. Oder wir regen uns über das auf, was andere tun, weil wir es uns selbst nicht zutrauen. Fakt ist: Alles, was wir selbst in uns nicht vollkommen akzeptiert haben, wird uns im Außen gespiegelt. Wir ziehen es in unser Resonanzfeld. Automatisch. Deshalb sollten wir allen, die unsere roten Knöpfe drücken, dankbar sein. Wenn nicht sofort, dann wenigstens nach der Erkenntnis. Und ja, ich weiß: Diese Spiegel sind manchmal eklig. Da schaut man nicht gerne rein. Aber sie sind da. Und wenn wir nicht hineinschauen möchten, dann kommen sie immer wieder und wieder. Bis wir es kapieren.

„Kritik, die du am anderen übst, sagt viel weniger über den anderen aus als über dich selbst.

Irgendwann kommt der Punkt, da weißt du genau: Es ist Zeit, selbst zu gehen – auf deinem eigenen Weg. Dann merkst du, dass du keinen Lehrer mehr brauchst, der dir sagt, was zu tun ist. Oder jemanden, der dir sagt, wie toll du bist. Dann geht es nur noch darum, alles selbst zu fühlen. Sowohl den Schatz in dir als auch das, was noch Schmerzen verursacht. Irgendwann geht es nur noch darum zu SEIN. Mit allem, was da ist. Egal WIE es ist. Es geht darum, dass du dich in die Freiheit entlässt. Frei von allem, was andere sagen. Dass du dich selbst spürst und darauf vertraust, dass jetzt alles sein darf. Alles darf sich zeigen. Es ist okay so. Du weißt, dass du vollkommen bist. Auch mit dem, was du manchmal lieber weghaben möchtest. Im SEIN willst du nicht mehr, dann bist du einfach.

„Sein ist der Weg.

Zugehörigkeit ist eine der größten Motivationen im Leben. Fast jeder möchte irgendwo dazugehören.

Manchmal ist es deshalb einfacher und vor allem bequemer, bei Menschen zu bleiben, die einem nicht gut tun, als für sich selbst einzustehen. Hauptsache, wir sind nicht allein. Hauptsache, es gibt überhaupt jemanden, für den wir wichtig sind. So lässt es sich prima aushalten in der Opferrolle. Versunken im Selbstmitleid und im ständigen Klagen darüber, dass der andere dies oder jenes getan hat, was uns immer wieder auf die Palme bringt. Wenn wir uns nicht darüber bewusst werden, dass wir dabei in Abhängigkeit stehen, weil der andere die Löcher stopft, die wir selbst nicht füllen können, werden wir weiterhin starr und handlungsunfähig bleiben. Wenn wir jedoch ehrlich auf die Beziehungen schauen, die wir pflegen und sehen, welche Muster wir selbst am Leben halten, nur um geliebt zu werden, können wir aussteigen aus diesem Spiel. Erst wenn wir erkennen, dass wir mindestens 50 % Verantwortung an diesen Spielen tragen, ist eine Veränderung möglich. Jeder von uns kann jederzeit entscheiden, aus diesem Spiel auszusteigen. Wenn das Fass voll ist, ist es voll. Wenn kein Grund mehr da ist, um zu bleiben, braucht auch niemand mehr einen, um zu gehen. Das gilt nicht nur für Partnerschaften, sondern auch für Familienmitglieder und Freunde. Die Bereitschaft, einen Menschen gehen zu lassen birgt die Chance auf echte Liebe.

Und plötzlich, nachdem wir eine Entscheidung für uns getroffen haben, stellt sich raus: Wir sind gar nicht allein. Wir haben einen guten Freund dazugewonnen. Nämlich uns selbst. Und das ist die wichtigste Zugehörigkeit, die wir spüren können.

„Wenn du dich selbst
zum Freund hast,
bist du nie allein.

Gibt es jemanden, der mit seinem Verhalten Einfluss auf deine Laune hat? Wie viel Macht gibst du diesem Menschen? Du selbst gibst ihm die Erlaubnis, sich auf deinen Thron zu setzen. Derjenige zeigt dir bloß sehr deutlich, wo er steht. Deshalb reg dich nicht über den anderen auf, sondern frage dich, wie du dein Zepter zurückbekommen kannst. Es ist nicht die Aufgabe des anderen, sich zu bewegen. Es ist deine eigene. Erkenne den Spiegel, welchen dein Gegenüber dir vorhält. Schau hinein und hab den Mut, das zu tun, was zu tun ist. Du weißt es ganz genau. Du bist kraftvoll. Erwecke dein königliches Potenzial und gehe in Handlung. Denn wenn du nicht handelst, wirst du behandelt. Und zwar so, wie andere es gerne hätten. Aber DU bist wichtig. Nimm deinen Thron wieder ein.

„Besetze du deinen Thron, bevor es jemand anderes tut.

Viele tragen Träume in sich, aber trauen sich weder, daran zu glauben, noch ihnen zu folgen. Manche sagen: „Ich brauche klare realistische Ziele! Träumereien sind nichts für mich." Aber was passiert denn genau beim Träumen? Wir dehnen unseren Geist. Wir gestehen uns etwas ein, was vielleicht total illusorisch ist. Wir denken groß. Wir weiten uns. Deshalb lade ich dich heute ein: Lass die Träumer in dir frei und frage dich, was du tun würdest, wenn du freie Wahl hättest, Geld keine Rolle spielen würde und du das machen könntest, wonach dein Herz sich sehnt. Es geht nicht darum, dass sich die Träume erfüllen. Es geht darum, diesen Träumen überhaupt nochmal Platz und Raum zu geben. Dass wir die Begrenzungen hinter uns lassen. Dass wir uns ALLES zugestehen. Dass möglich wird, was zuvor unmöglich war. Denn je öfter wir so tun als ob, desto mehr Energie fließt in unsere Träume, die unsere Realität formen. Lass dich drauf ein. Es tut gut.

„Folge deinen Träumen, sie sind Nahrung für die Seele.

Obwohl das eine Tatsache ist, halten sich viele Menschen täglich in dieser Zeit auf. Sie denken über das nach, was war, hadern damit und tragen Ballast mit sich herum. Was auch immer geschehen ist und wer auch immer uns in unserem Leben verletzt hat, es soll genau so sein. Es hat einen Grund, wieso uns herausfordernde Situationen begegnen, auch wenn wir den Sinn nicht sofort erkennen. Meist dient es unserer Entfaltung. Wir gehen mit etwas in Resonanz, was es zu lösen gilt. Wir können diese Tatsache nicht leugnen, es sei denn, wir möchten länger leiden. Denn solange wir im Außen Schuldige finden, gehen wir unbewusst in die Opferrolle. Und als Opfer sind wir handlungsunfähig. Wirkliche Handlung ist erst dann möglich, wenn wir Selbstverantwortung übernehmen. Für uns und unser Leben. Wenn wir bei uns schauen. Wenn wir bereit sind, uns selbst zu begegnen und Klarheit schaffen – in uns. Auf dem Weg zur Heilung wird aus einem „Warum hast du mir das angetan?" ein „Was hat das mit mir zu tun?". Und genau darin finden wir den Schlüssel zum inneren Glück und zur Zufriedenheit. Hast du den Mut, dieser Frage auf den Grund zu gehen? Es ist nie zu spät, mit der Vergangenheit Frieden zu schließen, damit Genuss im Jetzt möglich ist.

„Die Vergangenheit ist vorbei.

Diese Erkenntnis hat in der Tat mein Leben verändert. Ich habe verstanden, dass ich einem anderen nicht wehtun kann, ohne mich zu verletzen.

Wenn wir Kritik aussprechen, ist es meist Projektion. Ich kritisiere andere für Merkmale, die ich an mir selbst nicht mag. Das tun wir selten willentlich, sondern weil es uns einfach nicht bewusst ist. Deshalb ist es wichtig, den Dingen, die wir an anderen nicht tolerieren können, Aufmerksamkeit zu schenken. Wenn wir unsere Beobachtung dahingehend schärfen, realisiert womöglich jeder von uns, dass diese Intoleranz mehr uns selbst als anderen gilt.

Genauso sollten wir auch achtsam werden, wenn wir kritisiert werden. Wieso hat die andere Person genau diesen bestimmten Aspekt bei uns herausgepickt? Wir werden auch da feststellen, dass diese Kritik in Wirklichkeit auf einen versteckten Teil unseres Gegenübers hinweist und nicht auf unser Verhalten.

„Was Paul über Anton sagt, sagt mehr über Paul aus als über Anton.

Du kannst eine Situation nicht lösen, indem du dich von einem Menschen trennst, weil er dich verletzt, enttäuscht oder missbraucht hat. Andere Menschen sind nicht für deine Verletzungen verantwortlich. Sie lösen sie nur aus. Somit dienen sie deinem Wohl, damit du mit anderen Augen schauen kannst. Und zwar auf dich! Du entscheidest, ob du Opfer oder Schöpfer in deinem Leben bist.

Wenn du nach einer Trennung Wut, Ärger und Hass fühlst, geht es dir schlecht. Du hast dich in Wirklichkeit nicht von dem anderen getrennt, sondern von einem Teil in dir, der eigentlich geheilt werden möchte. Erst wenn du erkennst, dass es etwas mit dir zu tun hat, warum du diese Menschen in dein Leben ziehst, wirst du in die Selbstverantwortung gehen können. Es gibt keine Schuldigen. Eine Trennung in Frieden bedeutet, dass du den anderen Menschen gehen lässt, weil vielleicht ein gemeinsamer Weg gerade nicht möglich ist. Dann spürst du: Nun ist es keine Trennung mehr gegen etwas oder irgendjemanden, sondern einzig und allein eine Entscheidung für dich. Es geht bei Trennungen also gar nicht darum, DASS du dich trennst, sondern WIE du es tust. Welche Gefühle bleiben?

„Es geht nicht darum,
dass du dich von
jemandem trennst,
sondern wie du es tust.

Wie oft kommen solche Situationen vor? A kommt zu dir und beschwert sich über B. Es wird ordentlich über B geschimpft. Er hat sich auch echt daneben benommen. Sowas macht man nicht! Wie konnte B nur so verletzend sein. Und was tust du? Du bekräftigst A in seinem Denken. Denn du findest auch, dass das so nicht geht. Ihr seid euch einig, dass B sich falsch verhalten hat. Jetzt sollte B sich gefälligst entschuldigen für sein blödes Verhalten. Aber was geschieht wirklich? A ist in der Opferrolle. Du stärkst A in seinen „schlechten" Gedanken und Gefühlen. Du sagst auch NEIN zu dem, wie es jetzt ist. Keiner sieht, wie es wirklich ist. Ihr geht beide verurteilend aus der Situation. Niemand von euch ist im inneren Frieden.

Wie könntest du dich hilfreich verhalten?

A hat etwas erlebt, was ihn verletzt hat. Durch B ausgelöst. Du hilfst A, wenn du die Beobachter-Position einnimmst, um herauszufinden, was er damit zu tun hat. Wieso ist A genau diese Situation begegnet? Wo ist der Spiegel? Es hat einen Grund, wieso wir solche Menschen in unser Leben ziehen. Alles, was uns trifft, betrifft uns auch!

„Was uns trifft,
betrifft uns auch.

Wenn wir eine Grippe haben, können wir noch so viel unternehmen, wir können den Verlauf der Krankheit bis zur Genesung nicht unendlich beschleunigen. Erst Kratzen im Hals, dann Husten, gefolgt von Schnupfen, begleitet von Schüttelfrost und Fieber, endend in Kopfschmerzen. Irgendwie in dieser Reihenfolge hat das wohl jeder schon erlebt. Und das einzige was hilft: Ruhen, ein wenig Geduld üben und das nötigste tun, was man selbst tun kann. Viel trinken, Ingwer, Wadenwickel bei Fieber, usw. Aber ansonsten benötigt eine Grippe einfach Zeit.

So ist das auch mit den Prozessen des Lebens. In den meisten Prozessen, die wir durchleben, geht es um Bewusstwerdung. Erst erkennen wir etwas, dann nehmen wir es an und vielleicht verstehen wir es auch. Dadurch verändert es sich und schlussendlich können wir loslassen und sind frei. Durch diesen Prozess geschieht Heilung. Dafür benötigen wir Zeit. Mal mehr, mal weniger. Und einen liebevollen Umgang mit uns selbst. Es nützt also nichts, am Gras zu ziehen, es wächst dadurch nicht flotter. Triff Entscheidungen, stelle Weichen und lebe dein Leben. Begegne den Veränderungen bejahend und fühle, was gefühlt werden will. Ein JA zum Leben bedeutet gleichzeitig, anzunehmen was ist. Was nicht heißt, dass alles rosig ist. Aber wenn wir auch zu den Herausforderungen des Lebens JA sagen, werden sich die Situationen verändern. Automatisch.

„Prozesse benötigen Zeit. Nimm sie dir.

Oh, wir können es alle viel zu gut. Gedanklich in der Zukunft oder in der Vergangenheit herumturnen. Wir denken an das, was war und planen das, was kommt. Aber der Zeitpunkt, in dem du Freude oder Genuss empfinden kannst, ist nur JETZT. Ich möchte dir hiermit helfen, immer öfter und leichter ins JETZT zu finden.

Es gibt eine wundervolle Übung dazu. Du setzt dich hin und sagst dir laut oder leise immer abwechselnd drei Dinge. Erst drei Dinge, die du siehst, dann drei, die du hörst und drei, die du spürst. Immer, wenn du merkst, dass dein Kopf Achterbahn fährt, nutze diese Übung. Sie bringt dich ins JETZT. Und du wirst merken, wenn du diese Übung über 40 Tage täglich nutzt, dass sich dein Bewusstsein verändert. Dann wirst du es von ganz alleine immer öfter bemerken, wenn du in einer Zeit herumirrst, die es eigentlich JETZT nicht gibt.

„Jetzt ist der beste Zeitpunkt. Immer.

Zwei Menschen sind in einem Konflikt. Sie scheinen ihn gemeinsam nicht gelöst zu bekommen. Es wurde alles gesagt. Beide haben das Gefühl, alles in ihrer Macht stehende getan zu haben. Beide waren irgendwann müde. Und dann kommt der entscheidende Punkt: Beide geben auf und lassen den anderen los. Obwohl sie nicht zum gleichen Ergebnis gekommen sind, fühlen sie am Ende das Gleiche: inneren Frieden. Auch wenn jeder eine andere Wahrheit für sich vertritt.

Wenn jeder für sich erkennen würde, dass es nicht darum geht, Recht zu bekommen, sondern den anderen sein zu lassen, wie er ist, würden viele Kriege sofort hier auf der Stelle aufhören. Dazu ist jedoch eins erforderlich: Wir müssen akzeptieren, dass alle Menschen anders sind und wir müssen unsere Stärken kennen, damit wir uns nicht zu behaupten brauchen. Als ich mal für mein Kinderbuch brainstormte, fragte ich mein Nachbarskind (8): „Was glaubst du, würde passieren, wenn alle Menschen ihre Stärken kennen würden?"
Daraufhin sagte sie: „Dann müsste sich niemand mehr mit dem anderen vergleichen."
Eine weise Antwort. Lasst sie uns leben.

„Wer seine Stärken kennt, braucht sich nicht zu behaupten.

Ich hatte in den letzten Jahre öfter Menschen, die gesagt haben: „Kerstin, ich bring dich groß raus!" Meistens bin ich dann auf den Zug draufgehüpft, habe Geld für Dienstleistungen aller Art bezahlt, Zeit verschenkt, etc. Meine Erkenntnis: Jemand anderes kann dich nicht groß rausbringen, solange du dich selbst klein fühlst. Dann hast du Erwartungen, die enttäuscht werden. Weil es unmöglich ist, diese zu erfüllen. Setz dich selbst an die erste Stelle. Dann muss es niemand anderes tun. Nimm dich ernst. Nimm dich selbst wichtig. Größe entspringt nicht im Außen, sondern in dir. Erst, wenn du selbst deine wahre Größe spüren kannst, können andere Menschen helfen, sie sichtbar zu machen. Aber oft ist es dann gar nicht mehr nötig, weil es von alleine geschieht. Es geht immer nur von innen nach außen. Nicht andersherum.

„Deine wahre Größe strahlt in dem Moment, in dem du sie erkennst.

Immer, wenn Menschen belogen werden und ich die Spiegelfrage stelle: „Wo in deinem Leben bist du unehrlich?“, sind sie erstmal erbost und meinen, dass sie immer ehrlich sind. Doch meistens kommen wir an den Punkt, dass sie schon ihr halbes Leben Lügengeschichten erzählen. Nämlich über sich selbst. Wenn jemand ständig über sich denkt, nicht gut genug zu sein, andere für besser hält, von seinem Pech überzeugt ist, dann walten da Glaubenssätze, die einfach nicht der Wahrheit entsprechen. Wir finden also stets im Außen Spiegel unseres Selbst. Ob wir das nun gut finden oder nicht, es ist so. Sich mit dieser Tatsache anzufreunden, kann das Leben enorm erleichtern. Denn wir finden so viel schneller den Weg aus der Opferrolle in die Selbstverantwortung.

Es geht gar nicht darum, alles sofort auflösen zu können. Erst einmal geht es darum, sich dieser Tatsache bewusst zu werden. Denn dann können wir diesen Gedanken und den damit verbundenen Gefühlen anders begegnen. Wir können Sie zum Beispiel willkommen heißen: „Aha, du bist auch schon wieder da.“ Und dann ruhig imaginären Kaffee und Kuchen anbieten. Denn erfahrungsgemäß verschwinden Gäste, die nett begrüßt und gut bewirtet werden, schneller wieder, als die, denen wir stets die Tür vor der Nase zuknallen und die wir fernhalten wollen.

„Wenn dich die Lügen anderer treffen, schau, wo du selbst unehrlich bist.

Es ist eine weit verbreitete Illusion, zu glauben, dass du für irgendetwas besonders gut sein musst. Wir leisten gerne, um irgendwem gerecht zu werden. Meist sind wir es selbst, die die höchsten Ansprüche an uns haben. Oft glauben wir aber auch, dass andere etwas von uns erwarten.

Was würde passieren, wenn du aufhörst, besonders gut sein zu wollen? Was würde sich dann zeigen? Wer bist du dann? Umarme deine Schwächen, integriere, was du an dir ablehnst und sei sanftmütig. Schenke dir so, wie du jetzt bist, Verständnis und Liebe. Sei dir selbst der beste Freund. Genüge dir selbst, indem du JA zu dir sagst. Das reicht. In dem Moment, wo du aufhörst, besonders gute Leistungen erbringen zu wollen, bist du viel näher an deinem Herzen dran. Du spürst dich selbst wieder. Und ich weiß: Was so simpel klingt, ist manchmal eine echte Herausforderung. Lass uns uns also immer wieder gegenseitig daran erinnern. Auch du bist ein Diamant. Von Natur aus.

„Das größte Geschenk bist du, wenn du aufhörst, besonders gut sein zu wollen.

Vor elf Jahren war ich bei einer Hypnose zur Gewichtsreduktion. Seitdem knabbere ich nicht mehr an den Fingernägeln.

Als ich vor acht Jahren jede Menge Bewerbungen schrieb und nur Absagen bekam, sagte ein Coach: „Der liebe Gott bastelt noch die Stelle, die genau zu dir passt." Heute bin ich mit Herzblut Künstlerin.

Ich sollte eine Ausbildung zum Buchbinder machen, wir schrieben uns aber das Datum für die Unterzeichnung des Ausbildungsvertrages falsch auf. Ich musste kurzfristig ein Berufsgrundschuljahr Wirtschaft und Verwaltung machen. So landete ich anschließend im Büro.

Ich machte mich vor zwanzig Jahren im Networkmarketing selbständig und zog Papa damit auf, dass ich irgendwann mehr Geld als er verdienen würde. Einige Jahre später saß ich unter Tränen mit ihm zusammen und musste zugeben, dass ich kurz vor der Insolvenz stand.

Warum ich dir das nun erzähle?

Wenn wir etwas nicht erreichen, was wir gerne wollen, hat das einen guten Grund. Manchmal laufen wir Zielen hinterher, die nicht unsere eigenen sind. Das merken wir aber oft erst viel später. Manchmal sind es die vermeintlichen Umwege, die uns genau dahin führen, wo wir hin sollen: Näher zu uns selbst. Also entspann dich. Alles hat seinen Sinn.

„Manchmal sind es die vermeintlichen Umwege, die uns genau dahin führen, wo wir hin sollen: Näher zu uns selbst.

Wenn du dich wirklich auf deine Stärken konzentrieren möchtest, gibt es etwas, was du wissen solltest. Du brauchst dann auch die Fähigkeit, um Hilfe bitten zu können. Hört sich jetzt vielleicht konfus an, aber wenn du dich auf das fokussierst, was du gut kannst, brauchst du Menschen, die in dem stark sind, worin du schwach bist. Das ist letzten Endes eine Win-Win-Situation. Du lebst deine Stärken und gibst anderen die Möglichkeit, ihre zu leben. Viele Menschen, – besonders die, die gerne für alles und jeden Verantwortung übernehmen –, tun sich oft schwer, etwas aus der Hand zu geben. Sie machen es lieber selbst und wundern sich, dass sie irgendwann leer und ausgebrannt sind. Arbeiten abgeben und um Hilfe bitten zu können, geht in meinen Augen mit einem gesunden Selbstmanagement einher. Wir sind nicht geboren worden, um uns allein durchs Leben zu schlagen. Gemeinsam ist es freudvoller und leichter. Auf zu einem starken WIR.

„Stark zu sein
bedeutet auch,
um Hilfe zu bitten.

Es ist echt verrückt. Wir stellen uns vor, wie es wäre, wenn … Haben Angst, weil … Treffen keine Entscheidung, denn es könnte ja sein, dass … Ja, wir kreieren am laufenden Band Filme, die sich in der Zukunft abspielen könnten, aber überhaupt nicht der Realität entsprechen. Mach dir heute bewusst, dass du selbst derjenige bist, der das Drehbuch zum Film umschreiben kann. Kreiere heute einen anderen Film. Denn genau JETZT ist der richtige Zeitpunkt dafür. Alles, was du dir vorstellst, ist zwar nicht die Realität, aber mit deinen Gedanken machst du sie dazu. Also achte darauf, was du dir vorstellst. Du selbst bist der Regisseur. Denke anders. Schreibe die angstmachenden Filme um. Du hast das Werkzeug dazu. Und auch den nötigen Willen.
Aktiviere ihn.
Jetzt.

„Wenn du als Regisseur deines Lebens schon Filme kreierst, dann wenigstens mit Happyend.

Du wünschst dir, von anderen verstanden zu werden? Dann sei ehrlich und zeig dich so, wie du gerade bist. Wenn du dich schwach fühlst, markiere nicht den Starken. Wenn du Hilflosigkeit spürst, erzähle nicht, dass alles rund läuft. Wenn du dich wertlos fühlst, brüste dich nicht mit Erfolgen. Wenn du lieblos mit dir umgehst, tue nicht so, als sei bei dir alles in Ordnung. Ja, zeig dich endlich. Es ist nichts in Stein gemeißelt. Gefühle kommen und sie gehen auch wieder. Bist du also bereit, dir selbst zu begegnen? Weißt du, es ist nämlich ganz anders als du vermutest. Wenn du zu dir stehst, dann wirst du dir selbst wieder näher kommen. Lässt du deine Masken fallen, bist du eine Einladung für andere, es auch zu tun. Begegnung ist möglich. Es gibt niemandem, bei dem alles immer rund läuft. Wir haben alle unsere Herausforderungen des Lebens. Die einen sprechen drüber, andere nicht. Manchmal scheint die Sonne und manchmal sind Wolken davor. Aber sei gewiss: Die Sonne ist immer da. Akzeptiere die Wolken. Sag JA zu ihnen. Denn sie ziehen vorüber. Heute lade ich dich deshalb ein: Sei ehrlich. Sei einfach Mensch. Zeig dich. Und dann wechsele in die Kraft, die sich durch das JA zum Leben zeigt.

„Gefühle kommen und sie gehen auch wieder.

Manchmal fühlst du dich unsicher und weißt nicht, wie du dich entscheiden sollst. Du hast keine Ahnung, wo dein Weg hinführt. Sollst du rechts oder links entlang gehen? Aber es bleibt dir keine Wahl. Du musst eine Entscheidung treffen, damit es weitergeht. In irgendeine Richtung. Das einzige, was dann hilft, ist zu vertrauen. Dass es alles so kommen wird, wie es kommen soll. Dass alles zu deinen Gunsten geschieht, auch wenn du es nicht sofort erkennen kannst. Höre auf, in richtig oder falsch zu unterteilen, sondern stelle dich dem, was deiner Entscheidung folgt. Sei offen für die Wunder des Lebens und freue dich auf die Geschenke, die das Leben für dich parat hält, auch wenn das Auspacken manchmal mühsam ist. Das Leben ist immer für dich, und egal, wie du entscheidest, du bekommst das, was du auf deinem Weg brauchst. Die Frage ist, ob du deine Arme davor verschränkst, weil du lieber etwas anderes bekommen würdest oder ob du deine Arme öffnest für das, was ist? Wenn du JA zum Leben sagst, sagt es JA zu dir. Bist du bereit dazu?

„Sag Ja zum Leben und es wird dementsprechend reagieren.

Es gibt Begegnungen im Leben, da stimmt die Chemie auf Anhieb. Da ist dein Herz sofort zu Hause. Es gibt aber auch Menschen, da ist der erste Eindruck nichtssagend oder gar abstoßend. Heute möchte ich dich einladen, mal auf die Schubladen des Lebens zu achten. Wie schnell ziehst du sie auf und urteilst? Wie oft schon hast du Menschen abgelehnt, bevor sie bei dir eine zweite Chance bekommen konnten? Sehr oft offenbart sich aber erst beim zweiten oder dritten Blick das Innere eines Menschen. Weil eben nicht alles auf Anhieb erkennbar ist. Weil sich nicht jeder sofort öffnet. Weil Nähe manchmal Zeit und Vertrauen benötigt. Weil oft Filter, die man selbst hat, weggeräumt werden müssen. Erst dann können wir frei von Urteilen auf andere Menschen blicken. Dann können wir uns einlassen. Auf das, worauf es wirklich ankommt: Die Seele des anderen.

„Es ist nicht immer so, wie es scheint.

„Glaubst du nicht, dass du das Ansehen als Coach verlierst, wenn du dich mit deinem Schmerz oder deinen Schwächen offen zeigst?", wurde ich gefragt. Dabei glaube ich, es ist genau andersherum. Ich verliere nämlich den Kontakt zu mir selbst, wenn ich verdränge, was da ist. Also ist es doch viel gesünder, wenn ich das Leben mit all seinen Facetten umarme. Auch wenn es vielleicht Situationen sind, die ich gerade alles andere als schön finde. Ich glaube, dass Authentizität die größte Stärke eines jeden Menschen ist. Damit meine ich nicht, dass ich stets jammere, sondern bereit bin, mich zu zeigen und auch offen darüber spreche, wenn es mir vielleicht mal nicht gut geht. Das, was ich bislang erfahren habe, mag paradox klingen: Wenn ich mich in meinem schwächsten Moment mit all meiner Verletzlichkeit zeige, empfinden mich Menschen als stark. Mögen wir uns also öffnen können für das, was gesehen oder gefühlt werden will. Mental gesund ist man in meinen Augen, wenn man zu all seinen Gefühlen steht und nichts weghaben will.

„Wahre Stärke ist, sich auch mit seinen Schwächen zu zeigen.

Wir stehen manchmal an den Kreuzungen unseres Lebens und wissen nicht, welchen Weg wir einschlagen sollen. Wir fragen dann X und Y und bekommen die Wahrheiten anderer Menschen erzählt. Manche davon hören sich so prima an, dass wir versuchen, nach ihnen zu leben. Aber du wirst auch festgestellt haben: Das geht nicht. Du gehst auf deinem Weg, in deinem Tempo, in deinen Schuhen, mit deinem Rucksack und deinen Gefühlen. Wenn dich dein Weg gerade unglücklich macht, dann ändere was. Aber ändere es so, wie es für dich stimmig ist. Wenn du glaubst, dass du nur dann glücklich bist, wenn du einmal auf dem Eiffelturm warst, dann fahr hin, auch wenn andere dich für bescheuert erklären. Leb dein Leben und nicht das der anderen! Der einzige, der für dein Leben die Verantwortung trägt, bist du selbst. Du entscheidest, was für dich gut ist und du entscheidest, was du aus deinem Leben machst. Das wird sich nie ändern, egal, wen du nach dem Weg fragst und egal, was andere dir empfehlen. Du kannst dir alles anhören, aber deine Wahrheit ist nicht immer die der anderen. Geh deinen Weg. Schritt für Schritt, achtsam und mit ganzem Herzen.

„Der einzige, der für dein Leben verantwortlich ist, bist du selbst.

Das Leben ist manchmal wie ein Puzzle. Wir beginnen mit System, sortieren uns, aber nicht immer finden wir alle Randteile auf Anhieb. Ja, der Rahmen ist noch nicht perfekt genug. Die einen gehen trotzdem los, die anderen warten … und warten … und warten. Ich möchte dich heute dazu ermuntern, loszugehen. Die Supersaboteure wie Herr Perfekt und Frau Unmöglich mal vor die Türe zu schicken. Du kannst dich zu Tode zu organisieren bevor du losgehst, du kannst es auch lassen. Bisschen weniger planen, stattdessen mehr vertrauen. Was kann denn im schlimmsten Fall passieren? Dass irgendetwas unrund ist. Das ist dann eben so. Wenn du das gibst, was du in dem Moment zu geben hast, dann reicht das völlig aus. Manchmal glaubst du, eine Superheldin sein zu müssen, bevor du dich zeigst, dabei bist du die größte Heldin, wenn du dich für das anerkennst, was du in diesem Moment bist und kannst. Mach eins nach dem anderen, aber geh los, wenn etwas in dir brennt. Dein Rahmen findet sich auf dem Weg.

„Beginne mit dem Puzzle, auch wenn der Rahmen noch nicht komplett ist.

Wie reagierst du, wenn jemand mit einem Problem zu dir kommt? Ich habe eins für mich feststellen dürfen: Fragen zu stellen ist eine der elementarsten Hilfestellungen, die es gibt. In meiner dreijährigen NLP-Ausbildung kam ich in den Genuss einer Trainerin, die es schaffte, uns nur mit Fragen durch einen Prozess zu führen. Ich habe dadurch Wichtiges für mein Leben begriffen:

1. Wenn ich wirklich jemandem helfen will, stelle ich Fragen. Denn meine Antworten sind nicht die des anderen.
2. Ich erfahre durch die Antwort des anderen Dinge über ihn, seine Gedanken und Gefühle, die ich sonst nie erfahren hätte.
3. Der Erkenntnisprozess ist wesentlich intensiver, wenn derjenige die Antworten findet, der sie sucht.
4. Fragen wirken nach.
5. Ich achte den Weg und das Tempo meines Gegenübers, ungeachtet meines eigenen Weges und dessen, was ich (in ihm) sehe.

Das ist der Grund, wieso ich in solchen Situationen selten meine Meinung sage oder Ratschläge erteile. Ich stelle lieber Fragen, weil ich tief und fest davon überzeugt bin, dass jeder seine Antworten in sich trägt. Oft müssen sie nur rausgekitzelt werden.

„Deine Antworten sind nicht die des anderen.

Wer mag schon Menschen, die sich aufregen? Zum Beispiel ein Chef, wenn sich einer seiner Mitarbeiter krank meldet. Vielleicht ist es ja gar nicht das Unverständnis demjenigen gegenüber? Vielleicht fühlt der Chef sich in diesem Moment überfordert? Vielleicht weiß der Chef spontan keine Lösung? Vielleicht ist er hilflos? Vielleicht geht es ihm selbst gerade nicht gut? Vielleicht fehlt ihm die Zeit, umzuorganisieren? Und dann glaubt er noch, im Sinne des Betriebes funktionieren zu müssen. Er versucht stark zu sein, dabei fühlt er sich eigentlich gerade genauso schwach wie sein Mitarbeiter. Dann wird er den Mitarbeitern gegenüber doof. Dabei hat er alles Verständnis der Welt. Auch für ihn ist Gesundheit das höchste Gut. Aber das kann er in diesem Moment nicht zeigen oder kommunizieren. Nun müssen schließlich andere Dinge geklärt werden. Er muss in Lösungen denken. Jetzt kann er sich unmöglich hängen lassen. Er muss sich darum kümmern, dass alles weiterläuft. Und dann kann es sein, dass er kühl wirkt. Dabei ist er es gar nicht. Es wäre das Menschlichste überhaupt zu sagen, wie er sich fühlt.

Niemand muss stark sein, wenn er sich gerade schwach fühlt. Aber oft glauben wir das, – und meist geht es in die Hose. Menschsein ist im Grunde genommen so einfach, aber manchmal eben auch die größte Herausforderung. Bevor du also das nächste Mal urteilst, halte kurz inne, denk an meine Zeilen und frage dich, wie es wirklich ist. Es ist nämlich oft ganz anders als es scheint.

„Du brauchst keine Superfrau zu sein. Mensch sein reicht.

Wenn ich mit mir selbst im Frieden bin, gehe ich auf die Kämpfe der Mitmenschen anders ein. Auch auf die Kämpfe, die sie mit mir führen wollen. Ich spüre den Kampf, den sie mit sich selbst führen und habe Mitgefühl. Ich verurteile nicht, sondern versuche zu verstehen. Ja, im Allgemeinen bin ich dann viel sanftmütiger und liebevoller. Wenn ich hingegen gerade am Leben zweifle und mit mir hadere, werde ich doof. Dann kritisiere ich öfter, will andere anders haben und jammere mehr.

Deshalb kann es ja im Grunde immer nur einen Fokus geben: Schauen, dass ich zufrieden bin. Das gelingt mir am besten, wenn ich annehme, was ist. Die Vergangenheit ist vorbei. Ich kann mich nur mit ihr versöhnen. Ändern kann ich sie nicht. Die Zukunft kommt und ich weiß nicht, was sie mir bringt, egal was ich plane. Also gibt es in Wirklichkeit nur JETZT. Den Moment gerade. Das Leben kann ich feiern, auch wenn nicht alles rosarot ist. Es ist die Dankbarkeit dem Leben selbst gegenüber, die den Augenblick strahlen lässt.

„Mit Krieg im Inneren kannst du keinen Frieden im Außen erzeugen.

Wer kennt das nicht. Jeder von uns zweifelt schon mal. Was, wenn Zweifel einfach nur ein Zeichen dafür sind, dass du deinen Rhythmus noch nicht gefunden hast? Wenn der Zweifel dir einen Weg weist, der leichter zu gehen ist? Wenn der Zweifel dir dazu dient, etwas neu zu überdenken? Wenn der Zweifel dich in die Stille führt, um Antworten zu finden? Wenn der Zweifel dir die Zeit einräumt, die du benötigst, um deinem Herzen folgen zu können? Es ist wie mit allem anderen auch: Der Zweifel an sich ist nicht schlimm. Schlimm wird er erst, wenn du ihn verurteilst. Deshalb lass ihn einfach mal da sein, gib ihm nicht so eine große Bedeutung und lass dich auf das ein, was sich auf dem Weg dadurch ergibt. Finde das Gute im vermeintlich Schlechten und du entziehst ihm die Macht.

„Zweifel werden erst dann schlimm, wenn du sie verurteilst.

Als Kind war ich oft in einer Vermittlerposition. Ich dachte, es sei meine Aufgabe, Menschen miteinander zu verbinden oder Streit zu schlichten. Deshalb wurde Frieden zu einem zentralen Thema in meinem Leben. Dadurch habe ich ein schwaches ICH aufgebaut. Weil ich oft damit beschäftigt war, nach anderen zu schauen. Andere waren wichtiger als ich selbst. Was mir aber auch bewusst geworden ist: Ich habe dadurch die Möglichkeit gehabt, ein starkes WIR aufzubauen. Ich bin eine hervorragende Brückenbauerin. Ich habe früh verstanden, dass ich keinem diene, wenn ich Partei ergreife und urteile. Das ermöglicht es mir heute, neutral und voller Klarheit auf Konfliktsituationen zu schauen. Ich kann wertfrei zuhören, was in Problemsituationen sehr dienlich ist. Ich erfasse schnell, wie es wirklich ist. Ja – diese Aspekte sind hinzugekommen. Was so viel heißt wie: Ich habe in dem, was für mich einst negativ schien, das Positive entdeckt. Ich habe quasi meine Vergangenheit neu eingerahmt. Genau dazu lade ich dich auch ein. Finde einen neuen Rahmen für deine Vergangenheit, wenn du sie noch ablehnst, um Frieden damit schließen zu können. So wird aus deinem Drama eine Heldenreise.

„Es ist nie zu spät, eine schöne Vergangenheit zu haben.

Mit diesem Text lade ich dich zu einer Übung ein. Verabrede dich zuerst mit einer Freundin, mit der du gerne Zeit verbringst. Schreibt dann jeder für sich auf einen Zettel, welche drei Wünsche ihr noch im Leben habt. Ohne großartig nachzudenken. Egal, welcher Art diese Wünsche sind. Einfach drei aufschreiben. Keiner kennt die Wünsche des anderen. Jeder macht diese Übung für sich. Dann geht ihr sechzig Minuten in die Natur oder an einen Platz, wo ihr Ruhe habt und jeder erzählt dem anderen dreißig Minuten lang, wie sein Leben aussähe, wenn sich diese Wünsche erfüllt hätten. Der eine erzählt, der andere hört nur zu. Du wirst, wie ich, erstaunt sein, welche Details sich ergeben, wenn man dreißig Minuten Zeit hat zu träumen. Und du wirst noch mehr erstaunt sein, wie viel sich in den nächsten Jahren davon verwirklicht. Fang mal wieder an zu träumen. Lass den Visionär in dir frei. Ich sagte damals in dieser Übung auch: „Wenn sich diese drei Wünsche erfüllt haben, dann hab ich vielleicht auch endlich mal den Mut, ein Buch zu schreiben."

„Deine Gedanken erschaffen deine Wirklichkeit.

Viele deuten Enttäuschung negativ. Weil oft Gefühle von Ärger oder Wut damit einhergehen. Aber letztlich ist Enttäuschung etwas Positives. Wenn du von jemandem enttäuscht bist, dann hat derjenige deiner Illusion ein Ende gesetzt. Etwas, was du erwartest hast, ist nicht eingetreten. Deshalb ist es wichtig, deine Bedürfnisse offen zu kommunizieren. Menschen sind keine Hellseher. Sie sind natürlich auch keine Wunscherfüller. Aber wenn es Menschen sind, die deinem Herzen nahe sind, hören sie dir zu.

Genauso wichtig ist es, keine Erwartung zu haben. Der andere muss deinen Wünschen nicht nachkommen, sondern er darf. Jeder kann die verletzten Gefühle deutlich mildern, wenn einem dies bewusst ist. Je mehr du dich von der Abhängigkeit einer Erfüllung löst, desto weniger leidest du.

„Enttäuschung ist das Ende einer Illusion.

Wer kennt das? Du stehst auf einem Misthaufen und redest dir ein: „Ommmm, ich stehe auf einer Mohnblumenwiese." Du versuchst, den Duft der Blumen wahrzunehmen und die rote Farbenbracht vor deinem geistigen Auge zu sehen. Aber es gelingt dir nicht. Nicht wirklich. Ist ja auch logisch. Du stehst auf einem Misthaufen. Da nutzt dann auch keine Affirmation und kein positives Denken. Du musst erkennen, dass du auf einem Misthaufen stehst. Da darfst du ruhig sagen: „Ach, ist das hier doch eine Kacke!"

Ja, manchmal ist es so. Und es ist zieldienlicher, den Mist als Mist anzuerkennen als zu versuchen, sich erleuchtete Blümchen vorzustellen. Erst dann kannst zu gehen. Das solltest du auch. Denn Mist stinkt wie Bolle. Du kannst mit der Zeit sogar einsacken. Mist wärmt zwar auch, aber schön ist wahrlich etwas anderes. Also, erkenne wie es ist, nimm es an und dann setz dich in Bewegung. Optimalerweise in Richtung einer Mohnblumenwiese, wenn du dich danach sehnst. Achte deine Bedürfnisse.

„Mohnblumen sind Mohnblumen und Mist ist Mist.

Es gibt Zeiten, da kommt es dir so vor, als wenn du am Boden liegst und nichts mehr geht. Du fühlst dich wie ausgebrannt. Deine Flügel, die dich einst getragen, funktionieren nicht mehr. Und du weißt nicht, wie du sie wieder in Gang setzen könntest. Oft verfallen wir dann in einen Aktionismus und werden aktiv, weil wir glauben, irgendetwas tun zu müssen. Aber deine Seele vernimmt einen ganz anderen Ruf. Manchmal haben unsere Flügel so schnell geschlagen, dass sie eine Pause brauchen. Lerne Geduld zu haben und vertraue deiner inneren (göttlichen) Führung. Dann werden dich deine Flügel wieder dorthin tragen, wo du dich geborgen fühlst. Ins Vertrauen. Schaue dir deine Arbeit, deinen Kalender und deine Freizeit an. Frage dich, warum du tust, was du tust. Was ist der eigentliche Antrieb? Sei ehrlich mit dir selbst. Oft geht es gar nicht darum, etwas zu tun. Manchmal eröffnet sich durchs Lassen viel mehr Freiheit.

„Lassen ist auch eine Form von Tun.

Erst, wenn du das für dich erkannt und akzeptiert hast, kannst du dein Potenzial voll entfalten. Das, was bei anderen funktioniert, muss nicht bei dir funktionieren. Das meinen wir aber gerne. Weil wir unser Licht immer noch unter den Scheffel stellen. Wir versuchen Methoden, Strategien oder was auch immer zu kopieren. Mit dem Ergebnis, dass es nicht klappt. Dann denken wir, dass wir selbst zu doof sind für Erfolg oder was auch immer. Das stimmt so nicht. Dein bestes Marketinginstrument bist du selbst. Erkenne dich mit allem an, was du an und in dir vorfindest. Schließe Frieden mit dem, was du ablehnst. Darin liegen oft ungeahnte Schätze. Um sich selbst zu begegnen, benötigen wir Mut. Manchmal müssen wir durch den Schmerz gehen, um unser eigenes Licht wiederzufinden. Aber egal, wie der Weg ist, er lohnt sich. Du bist ein Original. Verleugne dich nicht. Du wirst gebraucht. Genau so, wie du bist.

„Dein bestes Marketinginstrument bist du selbst.

Kürzlich saß ich an einem verkaufsoffenen Sonntag vor einem Geschäft und verkaufte meine Bücher. Um zu verhindern, dass mir langweilig wird, nahm ich wie so oft auch diese langen Luftballons mit, um daraus für Kinder Figuren zu formen. Ich liebe es, Kinder glücklich zu sehen. Es kam eine Bekannte vorbei und fragte mich: „Sag mal, gibt es eigentlich auch irgendetwas, was du nicht kannst?"
Ich musste schmunzeln und meinte daraufhin: „Ja, sehr viel sogar, aber darum kümmere ich mich schon lange nicht mehr."
Ja, ich widme mich schon länger nur noch dem, was ich gut kann und gerne mache. Ich möchte auch nichts mehr nur des Geldes wegen machen.

Wenn du dir deinen Tag anschaust: Wieviel Prozent deiner Zeit verbringst du mit dem, was du gerne tust? Was willst du wirklich? Weißt du es? Wenn nicht, finde es heraus. Es lohnt sich. Dein Herz macht dann täglich Hüpfer. Und wenn du so bunt bist wie ich, dann kann das morgen etwas ganz anderes sein als heute. Nichts ist in Stein gemeißelt. Mach dich frei von allem, wie andere glauben, dass du zu sein hast. Du bist derjenige, der dein Leben lebt. Nimm es in die Hand.

„Entfalte deine Stärken, damit du dich um deine Schwächen nicht mehr kümmern brauchst.

Wenn wir uns dessen bewusst sind, dass letztlich niemand Einfluss auf die Gedanken anderer hat, haben wir ein großes Stück Freiheit dazu gewonnen. Ich lebe mein Leben und ob ich das will oder nicht, irgendwann wird immer irgendwer auf mich sauer sein, weil ich dies oder jenes gemacht habe. Dabei war es nicht meine Absicht. Genauso bin ich manchmal verärgert oder wütend über jemanden, der nie beabsichtigte, mich zu verletzen. Letztlich ist man also oft wegen seiner eigenen Gedanken beleidigt. Nicht wegen des Verhaltens anderer Menschen. Das ermöglicht uns, Eigenverantwortung zu übernehmen, keine Schuldigen im Außen zu suchen, sondern bei uns zu bleiben. Denn jeder ist für seine eigenen Gedanken und Gefühle verantwortlich. Auch wenn wir uns gerne etwas anderes weismachen wollen.

„Ich habe keinen Einfluss darauf, was du über mich denkst.

Sehr oft schon habe ich Angst gehabt, Entscheidungen zu treffen. Weil ich mir ausmalte, wie es dann sein könnte. Angst vor Kritik, Angst vor Ablehnung und Angst davor, nicht zu genügen. Aber Angst ist eine Illusion. Das weiß ich inzwischen, deshalb ist mein Motto: „Ich habe Angst und mach es trotzdem." Nicht immer, aber immer öfter. Und dabei mache ich immer wieder eine Erfahrung: Es geht gar nicht darum, wie etwas ausgeht. Ob das eintritt, was ich mir zuvor ausgemalt habe. Es geht vielmehr um den Prozess selbst. Dass ich mich einlasse auf das, was ich mich zuvor nicht traute. Dass ich da durchgehe. Dass ich die Angst hinter mir lasse. Dass ich mich durch den Prozess entfalte. Mir ist heute bewusst, dass der Prozess viel wichtiger ist als das Ergebnis. Das rückt geradezu in den Hintergrund, wenn du losgehst. Denn du merkst, wie du mehr und mehr bei dir ankommst. Der Weg durch die Angst ist der Weg zu dir selbst.

„Ich habe Angst und mach es trotzdem.

Sieh, wie es wirklich ist. Glaube nicht alles, was du hörst. Hinterfrage und decke die Filter auf, die dir aufgesetzt werden. Folge nicht blind jeder Herde, die daherläuft. Das passiert oft genug. Sei wachsam. Und wenn du erkannt hast, was deine Wahrheit ist, brauchst du manchmal auch den Mut, auszubrechen. Sei ein Rebell, sei mutig und gehe deinen Weg voller Achtsamkeit. Nur weil viele Menschen die gleiche Meinung haben, heißt das noch lange nicht, dass sie Recht haben. Dass sie glücklich sind. Dass sie richtig liegen. Ja, manchmal sind viele Menschen, die in eine Richtung gehen, auch einfach nur ein Zeichen dafür, dass der Herdentrieb funktioniert. Viele Menschen sind so gestrickt, dass sie lieber zur Herde gehören als mutig neue Wege zu gehen. Hiermit fordere ich dich auf: Brich aus. Trau dich, anders zu sein. Du kannst mit kleinen Schritten Großes bewirken. Du bist viel wichtiger als du glaubst.

„Wenn viele Menschen in die gleiche Richtung gehen, ist das oft nur ein Zeichen dafür, dass der Herdentrieb funktioniert.

Es passiert so oft, wenn wir nicht achtsam sind. Wir sind in Gespräche verstrickt, wo über Hinz und Kunz gelästert wird. Manchmal initiieren wir sie sogar selbst. Wir erlauben uns Meinungen über das Verhalten anderer Menschen, ohne eine Silbe mit ihnen gesprochen zu haben. Wenn es mir bewusst ist, unterlasse ich es, weil ich weiß, dass ich damit nicht dem Frieden diene, um mal ganz global zu sprechen. Und ich kommuniziere es inzwischen auch. Einfach, weil ich weiß, dass in solchen Gesprächen nur das Negativdenken genährt wird. Man erfährt sowieso ganz andere Sachen, wenn man mit den Menschen spricht statt über sie. Außerdem ist es oft auch ein Verstecken vor den eigenen Themen. Denn solange man sich über andere unterhält, braucht man nicht über sich zu sprechen. Aber das schafft Nähe. Dann ist wirkliches Miteinander möglich. Also lasst uns gemeinsam darauf achten, mit unserer Kommunikation ein Feld zu nähren, in dem wir uns selbst gerne befinden. Lasst uns ein Miteinander und Füreinander schaffen. Offen und ehrlich.

„Du erfährst ganz andere Sachen, wenn du mit den Menschen sprichst statt über sie.

Zu Beginn hatte ich auf Facebook mehrere Fanseiten: Herzensworte ... Fotografie ... Coaching mit Herz. Irgendwann kam der Zeitpunkt, an dem ich es leid war, drei Seiten zu bedienen, aber ich dachte die ganze Zeit, ich kann nicht alles zusammenpacken. Weil dann würden ja die, die sich für mein Geschriebenes interessieren, mit Fotos zugemüllt werden und umgekehrt. Oh ja – ich wollte den Besuchern meiner Seite gerecht werden. Was für ein Mindfuck. Nun schwinge ich auch noch den Pinsel. Ich male Bilder und Steine. Wer weiß, was sonst noch künftig dazukommt. Weißt du, wie befreiend das ist, sich einfach mit dem zu zeigen, was gerade da ist? Nicht wissen, was morgen ist. Einlassen. Sich nicht begrenzen. Einfach raus damit. Darauf vertrauen, dass genau das jetzt richtig ist. Auch wenn es anderen vielleicht „zu bunt" ist? Kerstin halt. Mit allem, was drin steckt. Das kann heute etwas anderes sein als morgen. Ich liebe meine Vielfalt inzwischen. Ich liebe mein Buntsein. Sei auch du du selbst. Wie auch immer das aussieht. Pack deine Schubladen, wie man zu sein hat, fort. Du passt eh in keine rein. Ich auch nicht.

„Du bist viel zu groß(artig) für in eine kleine Schublade.

Wenn du deine Meinung sagst, ganz bei dir bleibst und dir die Akzeptanz des anderen nicht mehr wichtig ist, dann merkst du, dass du deinen Platz eingenommen hast. Dann stehst du gut verwurzelt auf der Erde. Dann sitzt du auf deinem Thron. Und genau darum geht es. Du selbst sein. Deinen Gefühlen und Gedanken Ausdruck verleihen. Ohne Angst, nicht mehr geliebt zu werden. Ohne den Wunsch nach Anerkennung. Sich selbst akzeptieren und den anderen ebenso sein lassen können. Nicht zwingend einen Nenner finden müssen. Ja, es geht um dich. Wie du zu dir stehst. Dass du mit dir im Reinen bist. Dass du Frieden schließt, auch mit dem Unfrieden in dir. Lebe deine Wahrheit. So wie es für dich stimmig ist. Nimm deinen Platz ein und zweifle nicht ständig daran, dass du selbst die Heldin deines Lebens bist.
Denn du bist eine.
Feiere dich.
Jetzt.

„Wer zu sich steht, braucht keine Anerkennung von anderen.

Kerstin Werner wurde 1973 in der wunderschönen Eifel geboren, wo sie auch heute lebt und arbeitet. Ihre Erfahrungen aus Seminaren zur Persönlichkeitsentwicklung und ihrer Ausbildung zum NLP-Coach finden in ihren Büchern Ausdruck. Kreativität, Inspiration und Humor sind ihre größten Stärken. Auf ihrem Blog www.kerstin-werner.de begeistert die Autorin ihre Fangemeinde mit Kurzgeschichten, kleinen Anekdoten aus dem Alltag und Denkansätzen, die uns helfen, dem Alltag mit mehr Selbstbewusstsein und Leichtigkeit zu begegnen.

Mutmacher für Klein und Groß:

Kerstin Werners beliebte Kinderbuchserie ab 4 Jahre. Farbenfroh illustriert von Kattia Salas.

Friedolin

Bist du auch ein Naturfreund?

Kerstin Werner | Kattia Salas

48 Seiten | 21 × 14,8 cm | Hardcover

12,90 €

ISBN 978-3-946328-59-9

ENDLICH!
NEUES VON DEM FISCH MIT DEN HERZFLOSSEN

In diesem Abenteuer von Friedolin verletzt sich sein Freund Valentino die Flosse an einer Blechdose. Er kommt in die Tierklinik zu Dr. Blubb. Friedolin begleitet ihn und lernt so im Wartezimmer noch mehr Tiere kennen, die durch den Müll im Wasser verletzt wurden. Er überlegt sich, was man gegen diese Umweltverschmutzung tun könnte. Zuhause am Tümpel trifft er Emil. Der kleine Junge und seine Freunde zeigen Friedolin, was sie bereits heute tun, um die Welt wieder schöner und lebenswerter zu machen. Ein Kinderbuch, das Jung und Alt dazu einlädt, achtsamer mit der Natur umzugehen.

Eifelbildverlag

Ein Imprint der Kraterleuchten GmbH | www.eifelbildverlag.de

Friedolin
Weißt du, wie wertvoll du bist?
ISBN 978-3-946328-17-9

DER MUTMACH-BESTSELLER VON KERSTIN WERNER!

In dieser Geschichte lernt Friedolin, warum manche Tiere gemein zu anderen sind. Er versteht, wie wichtig es ist, dass wir andere, aber auch uns selbst wertschätzen.

Friedolin
Sind Deine Gefühle Deine Freunde?
ISBN 978-3-946328-21-6

STREIT MIT DER BESTEN FREUNDIN – WAS TUN?

Mia, die Maus, hat sich mit ihrer besten Freundin gestritten. Gemeinsam mit Friedolin und Friedolins Opa sucht sie nach Lösungen. Schließlich lernen die Tierkinder, was für einen Unterschied es macht, wenn man im Streit seine Gefühle ausdrückt, anstatt dem anderen Vorwürfe zu machen.

Friedolin
Was machst du mit deiner Angst?
ISBN 978-3-946328-37-7

FRIEDOLIN ÜBERWINDET SEINE ANGST VOR DER SCHULE

Werde ich neue Freunde finden? Sind die Lehrer nett? Friedolin hat so viel Angst vor der Schule, dass er sich morgens im Bett versteckt. Sein Opa zeigt ihm, wie er als junger Fisch mit seiner Angst umgegangen ist und verrät ihm einen Trick, mit dem er den Schulalltag mit mehr Leichtigkeit meistern kann.

Alle Friedolin-Bücher: von Kerstin Werner & Kattia Salas | 48 Seiten | 21 × 14,8 cm | Hardcover | 12,90 €